团 体 标 准

公路混凝土斜拉桥预应力锚固式
锚拉板技术指南

Technical Guideline for Prestressed Anchorage Plate of
Highway Concrete Cable-stayed Bridge

T/CHTS 10028—2020

主编单位：安徽省交通控股集团有限公司
发布单位：中国公路学会
实施日期：2020 年 11 月 01 日

人民交通出版社股份有限公司

北 京

图书在版编目(CIP)数据

公路混凝土斜拉桥预应力锚固式锚拉板技术指南：T/CHTS 10028—2020 / 安徽省交通控股集团有限公司主编. — 北京：人民交通出版社股份有限公司，2020.10
 ISBN 978-7-114-16852-9

Ⅰ.①公… Ⅱ.①安… Ⅲ.①公路桥—预应力混凝土桥—斜拉桥—预应力加筋锚固—中国—指南 Ⅳ.①U448.351-62

中国版本图书馆CIP数据核字(2020)第179327号

标准类型：团体标准
Gonglu Hunningtu Xielaqiao Yuyingli Maogushi Maolaban Jishu Zhinan
标准名称：公路混凝土斜拉桥预应力锚固式锚拉板技术指南
标准编号：T/CHTS 10028—2020
主编单位：安徽省交通控股集团有限公司
责任编辑：郭红蕊　韩亚楠
责任校对：席少楠
责任印制：刘高彤
出版发行：人民交通出版社股份有限公司
地　　址：(100011)北京市朝阳区安定门外外馆斜街3号
网　　址：http://www.ccpcl.com.cn
销售电话：(010)59757973
总 经 销：人民交通出版社股份有限公司发行部
经　　销：各地新华书店
印　　刷：北京市密东印刷有限公司
开　　本：880×1230　1/16
印　　张：1.75
字　　数：41千
版　　次：2020年10月　第1版
印　　次：2020年10月　第1次印刷
书　　号：ISBN 978-7-114-16852-9
定　　价：200.00元

(有印刷、装订质量问题的图书由本公司负责调换)

中国公路学会文件

公学字〔2020〕72号

中国公路学会关于发布《公路混凝土斜拉桥预应力锚固式锚拉板技术指南》的公告

现发布中国公路学会标准《公路混凝土斜拉桥预应力锚固式锚拉板技术指南》(T/CHTS 10028—2020),自2020年11月1日起实施。

《公路混凝土斜拉桥预应力锚固式锚拉板技术指南》(T/CHTS 10028—2020)的版权和解释权归中国公路学会所有,并委托主编单位安徽省交通控股集团有限公司负责日常解释和管理工作。

中国公路学会

2020年10月23日

T/CHTS 10028—2020

前 言

本指南在总结公路混凝土斜拉桥预应力锚固式锚拉板技术研究成果及国内工程建设实践经验的基础上编制。

本指南按照《中国公路学会标准编写规则》(T/CHTS 10001)编写,共分4章和2个附录,主要内容包括:总则、术语和符号、设计、施工与养护等。

本指南实施过程中,请将发现的问题和意见、建议反馈至安徽省交通控股集团有限公司(地址:安徽省合肥市望江西路520号;联系电话:0551-63738204;电子邮箱:2408754762@qq.com),供修订时参考。

本指南由安徽省交通控股集团有限公司提出,受中国公路学会委托,由安徽省交通控股集团有限公司负责具体解释工作。

主编单位:安徽省交通控股集团有限公司

参编单位:同济大学、安徽省交通规划设计研究总院股份有限公司

主要起草人:胡可、曹光伦、刘志权、刁凯、石雪飞、杨晓光、郑建中、梅应华、王胜斌、窦巍、王凯、马祖桥、黄维树、赵金磊、何金武

主要审查人:周海涛、李彦武、廖朝华、刘元泉、杨耀铨、袁洪、鲍卫刚、赵君黎、钟建驰、秦大航、韩亚楠

目　次

1 总则 ··· 1
2 术语和符号 ·· 2
　2.1 术语 ·· 2
　2.2 符号 ·· 2
3 设计 ·· 4
　3.1 一般规定 ·· 4
　3.2 支承组件 ·· 4
　3.3 拉板组件 ·· 6
　3.4 压接组件 ·· 7
4 施工与养护 ·· 10
　4.1 加工 ·· 10
　4.2 安装 ·· 11
　4.3 养护 ·· 11
附录 A　钢绞线拉索锚拉板主要技术参数 ·· 13
附录 B　锚拉板定位参数计算 ·· 14
用词说明 ·· 17

公路混凝土斜拉桥预应力锚固式锚拉板技术指南

1 总则

1.0.1 为规范公路混凝土斜拉桥预应力锚固式锚拉板的技术要求，编制本指南。

1.0.2 本指南适用于公路混凝土斜拉桥预应力锚固式锚拉板的设计与施工。

1.0.3 公路混凝土斜拉桥预应力锚固式锚拉板的设计与施工除应符合本指南的规定外，尚应符合有关法律、法规及国家、行业现行有关标准的规定。

2 术语和符号

2.1 术语

2.1.1 锚拉板 anchoring plate

一种以横向预应力方式与混凝土结构连接的公路混凝土斜拉桥拉索锚固连接构造。

2.1.2 支承管 support pipe

锚拉板上部承载拉索锚固力的钢管。

2.1.3 主拉板 main pulling plate

连接锚拉板上部支承管与下部埋入混凝土结构部分的主要受拉构件。

2.1.4 侧拉板 side pulling plate

主拉板两侧设置的辅助受拉构件。

2.1.5 压接板 pressure linking plate

锚拉板下部以挤压方式与混凝土结构连接的钢板。

2.1.6 上翼板 top flange

压接板组件与主拉板及侧拉板连接的钢板。

2.1.7 下翼板 bottom flange

压接板组件底部设置的辅助支承钢板。

2.2 符号

f_d——钢材强度设计值；

f_{vd}——钢材抗剪强度设计值；

f_y——钢材屈服强度；

f_{cd}——混凝土轴心抗压强度设计值；

f_{sd}——抗剪开孔内贯通钢筋抗拉强度设计值；

T_c——作用于锚拉板的拉索力设计值；

F_{pk}——垂直于压接板板面的组合挤压力标准值；

F_{ck}——作用于压接板面内的组合拉拔力标准值；

T_{pk}——作用于锚拉板的挤压力标准值；

T_{ck}——作用于锚拉板的拉索力标准值；

F_{cd}——作用于压接板面内的组合拉拔力设计值；

F_{pd}——垂直于压接板板面的组合挤压力设计值；

σ_m——支承组件与拉板组件连接部位的计算应力标准值；

A_0——支承管正截面面积；

t_{zg}——支承管管壁厚度；

l_{zz}——主拉板与支承管焊接长度；

A_1 ——垂直于拉索轴线的拉板组件截面上主拉板面积；

A_2 ——垂直于拉索轴线的拉板组件截面上侧拉板面积；

t_{zl} ——主拉板厚度；

A_c ——压接板板上单个抗剪开孔面积；

A_s ——压接板板上单个抗剪开孔内贯通钢筋面积；

t_{yj} ——压接板厚度；

l_{yj} ——垂直于拉拔方向的压接板截面长度，扣除板上相关开孔；

n_p ——压接板与混凝土之间的作用面数；

n_k ——压接板板上抗剪开孔数量；

γ_0 ——结构重要性系数；

α_1 ——支承管应力不均匀及局部稳定影响系数；

α_2 ——支承管管壁剪应力不均匀影响系数；

β_1 ——主拉板应力不均匀影响系数；

β_2 ——侧拉板应力不均匀影响系数；

β_3 ——主拉板剪应力不均匀影响系数；

k_1 ——强度安全系数；

k_2 ——抗拉拔安全系数；

μ_j ——压接板与混凝土之间的静摩擦系数；

μ_d ——压接板与混凝土之间的动摩擦系数；

ψ_0 ——组合挤压力折减系数；

ψ_1 ——抗剪开孔形状影响系数；

ψ_2 ——抗剪钢筋强度折减系数；

ψ_3 ——压接板应力不均匀影响系数。

3 设计

3.1 一般规定

3.1.1 锚拉板由支承组件、拉板组件、压接组件组成,见图 3.1.1。常用型号尺寸可按照本指南附录 A 选用。

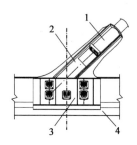

图 3.1.1 公路混凝土斜拉桥用锚拉板示意图
1-支承组件;2-拉板组件;3-压接组件;4-混凝土主梁

3.1.2 锚拉板宜采用 Q355 及以上钢材,相应技术指标应符合现行《低合金高强度结构钢》(GB/T 1591)的有关规定。

3.1.3 锚拉板应进行防腐处理。防腐应符合现行《公路桥梁钢结构防腐涂装技术条件》(JT/T 722)的有关规定。

3.1.4 锚拉板的锚固构造应与主梁构造匹配,并应与横向预应力构造、普通钢筋构造等进行联合设计。

3.1.5 锚拉板应与拉索、梁侧端面倾角相适应,相关设计参数可按照本指南附录 B 的方法进行计算。

3.1.6 锚拉板的设计计算及其作用、组合、抗力及使用年限等应符合现行《公路桥涵设计通用规范》(JTG D60)等的有关规定。

3.1.7 锚拉板可按照本指南第 3.2～3.4 节的有关规定计算。必要时,可采用实体有限元方法进行复核计算,计算结果应满足下式要求:

$$\sigma_\mathrm{m} \leqslant \frac{f_\mathrm{y}}{k_1} \qquad (3.1.7)$$

式中:σ_m——各部位的计算应力标准值(MPa);
f_y——钢材屈服强度(MPa);
k_1——强度安全系数,取 1.8,局部应力峰值处(2 倍板厚范围)可取 1.0。

3.1.8 锚拉板的疲劳设计应按照现行《公路钢结构桥梁设计规范》(JTG D64)第 5.5 条的规定执行。

3.2 支承组件

3.2.1 支承组件可由支承管、锚垫板、加劲环、顶帽板、导管组成,见图 3.2.1。

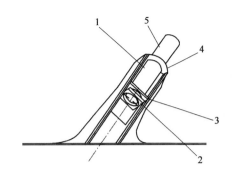

图 3.2.1 支承组件示意图
1-支承管;2-锚垫板;3-加劲环;4-顶帽板;5-导管

3.2.2 支承组件设计应符合下列规定:

1 支承管内径应与拉索锚具尺寸、导管内径、锚垫板和顶帽板开孔孔径相匹配,外径与壁厚比应不大于 70,长细比应不大于 100。

2 加劲环应设置于支承管下部。加劲环与支承管环向焊接,与主拉板和侧拉板垂直焊接,在主拉板与支承管、侧拉板焊接处设半径 30mm 的过焊孔。

3 锚垫板底面宜设深 1mm 锚具定位槽;顶帽板尺寸应满足与主拉板、侧拉板焊接的空间要求;锚垫板、顶帽板应垂直于支承管环向焊接。

4 导管长度应不小于 300mm,拉索钢绞线锚固时定位器处的设计偏转角度应不大于 1.4°。支承组件构造示意图见图 3.2.2。

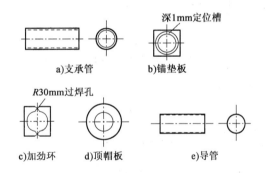

图 3.2.2 支承组件构造示意图

3.2.3 支承组件的计算应满足下列要求:

1 采用作用的基本组合。

2 支承管正截面抗压承载力应满足下式要求:

$$\gamma_0 T_c \leqslant \alpha_1 A_0 f_d \tag{3.2.3-1}$$

式中:γ_0——结构重要性系数;

T_c——作用于锚拉板的拉索力设计值(N);

A_0——支承管正截面面积(mm^2);

f_d——钢材强度设计值(MPa);

α_1——支承管应力不均匀及局部稳定影响系数,采用本指南附录 A 的常规锚拉板,取值 0.65。

3 支承管管壁抗剪承载力应满足下式要求:

$$\gamma_0 T_c \leqslant 2\alpha_2 t_{zg} l_{zz} f_{vd} \tag{3.2.3-2}$$

式中：t_{zg}——支承管管壁厚度(mm)；

l_{zz}——主拉板与支撑管焊接长度(mm)；

f_{vd}——钢材抗剪强度设计值(MPa)；

α_2——支承管管壁剪应力不均匀影响系数，宜通过计算确定，采用本指南附录 A 的常规锚拉板，可取 0.85。

3.3 拉板组件

3.3.1 拉板组件由主拉板、侧拉板组成，见图 3.3.1。

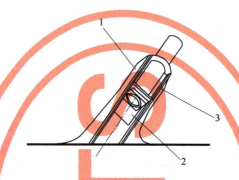

图 3.3.1 拉板组件示意图

1-主拉板；2-主拉板张拉孔；3-侧拉板

3.3.2 拉板组件的构造应符合下列规定：

1 主拉板在支承管后方设置的拉索张拉用开孔纵向尺度宜不小于 1m。

2 主拉板与支承管焊缝下端及主拉板底边应设置半径为 35mm 的倒角。

3 主拉板两侧的侧拉板应对称设置。

4 主拉板与侧拉板组合后的底边与压接组件的上翼板进行焊接，主拉板、侧拉板在焊接交汇处应设半径 30mm 的过焊孔。拉板组件构造示意图见图 3.3.2。

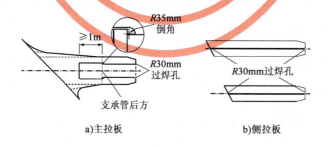

a)主拉板　　　　　b)侧拉板

图 3.3.2 拉板组件构造示意图

3.3.3 拉板组件的计算应符合下列规定：

1 采用作用的基本组合。

2 拉板组件组合正截面抗拉承载力应满足下式要求：

$$\gamma_0 T_c \leqslant \beta_1 A_1 f_d + \beta_2 A_2 f_d \tag{3.3.3-1}$$

式中：A_1——垂直于拉索轴线的拉板组件截面中主拉板面积（mm^2）；

A_2——垂直于拉索轴线的拉板组件截面中侧拉板面积（mm^2）；

β_1——主拉板应力不均匀影响系数，宜通过计算确定，采用本指南附录 A 的常规锚拉板，可取 0.85；

β_2——侧拉板应力不均匀影响系数，宜通过计算确定，采用本指南附录 A 的常规锚拉板，可取 0.65。

3 主拉板的抗剪承载力应满足下式要求：

$$\gamma_0 T_c \leqslant \beta_3 t_{zl} l_{zz} f_{vd} \qquad (3.3.3-2)$$

式中：t_{zl}——主拉板厚度（mm）；

β_3——主拉板剪应力不均匀影响系数，宜通过计算确定，采用本指南附录 A 的常规锚拉板，可取 0.85。

3.4 压接组件

3.4.1 压接组件由压接板、上翼板、下翼板、加劲肋组成，见图 3.4.1。

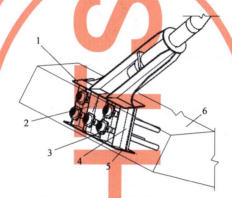

图 3.4.1 压接组件示意图

1-上翼板；2-加劲肋；3-横向预应力；4-压接板；5-下翼板；6-混凝土主梁

3.4.2 压接组件设计应符合下列规定：

1 压接板应与主拉板对齐；侧拉板宜与加劲肋对齐。

2 压接板上通过预应力束时应设开孔，压接板与加劲肋上通过普通钢筋应设剪力孔。

3 上翼板顶应与主梁顶平齐，与压接板焊接，上翼缘应采用 Z 向钢。

4 位于主梁底部的下翼板应与主梁底平齐，与压接板焊接；位于主梁内的下翼板与压接板可垂直焊接。加劲肋垂直焊接，设置半径 30mm 的过焊孔。压接组件构造示意图见图 3.4.2。

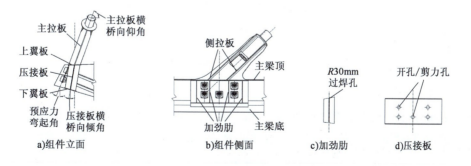

图 3.4.2 压接组件构造示意图

3.4.3 压接板与主拉板横桥向夹角可结合抗拉拔设计进行适当调整，调整范围宜为 155°～180°。

3.4.4 压接组件的抗拉拔计算应符合下列规定：

1 计算采用的拉索力应根据结构总体计算确定，作用组合应为作用标准组合。

2 压接组件的抗拉拔安全系数 k_2 值可按下式计算：

$$k_2 = \frac{n_p \mu_j F_{pk}}{F_{ck}} \tag{3.4.4}$$

式中：k_2——抗拉拔安全系数，当压接组件设有抗剪开孔、PBL 键等联合抗拉拔构造时，k_2 可取 1.5；当未设有相应联合抗拉拔构造时，k_2 应不小于 2.5；

n_p——压接板与混凝土之间的作用面数，作为混凝土结构预应力锚固构造的压接板应取 1，作为混凝土结构受压区嵌固构造的压接板可取 2；

μ_j——压接板与混凝土之间的静摩擦系数，宜通过试验确定，无试验资料时，μ 值可按 0.25 取用；

F_{pk}——垂直于压接板板面的组合挤压力标准值(N)；

F_{ck}——作用于压接板面内的组合拉拔力标准值(N)。

锚拉板拉拔受力示意图见图 3.4.4。

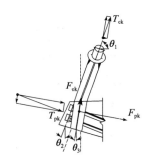

图 3.4.4 锚拉板拉拔受力示意图

θ_1-主拉板横桥向仰角；θ_2-预应力弯起角；θ_3-压接板横桥向倾角；T_{pk}-横向预应力施加在压接板上的挤压力；T_{ck}-作用于锚拉板上的拉索作用力

3.4.5 压接组件的承载能力计算应符合下列规定：

1 采用作用的基本组合。

2 压接组件与混凝土结构的抗拉承载力应满足下式要求：

$$\gamma_0 F_{cd} \leqslant n_p \mu_d \psi_0 F_{pd} + n_p n_k \psi_1 (A_c - A_s) f_{cd} + n_p n_k \psi_2 A_s f_{sd} \tag{3.4.5-1}$$

式中：F_{cd}——作用于压接板面内的组合拉拔力设计值(N)；

μ_d——压接板与混凝土之间的动摩擦系数，宜通过试验确定，无试验资料时，μ 值可按 0.2 取用；

F_{pd}——垂直于压接板板面的组合挤压力设计值(N)；

n_k——压接板板上抗剪开孔数量；

A_c——压接板板上单个抗剪开孔面积(mm^2)；

A_s——压接板板上单个抗剪开孔内贯通钢筋面积(mm^2)；

f_{cd}——混凝土轴心抗压强度设计值(MPa)；

f_{sd}——抗剪开孔内贯通钢筋抗拉强度设计值(MPa)；

ψ_0——组合挤压力折减系数，宜通过试验确定，无试验时可取 0.8；

ψ_1——抗剪开孔形状影响系数，宜通过试验确定，采用常规圆形开孔可取 0.89；

ψ_2——抗剪钢筋强度折减系数,宜通过试验确定,无试验时可取 0.76。

3 压接板截面的抗拉承载力应满足下式要求:

$$\gamma_0 F_{cd} \leqslant \psi_3 t_{yj} l_{yj} f_d \quad (3.4.5\text{-}2)$$

式中:t_{yj}——压接板厚度(m);

l_{yj}——垂直于拉拔方向的压接板截面长度,扣除板上对应开孔尺寸(m);

ψ_3——压接板应力不均匀影响系数,宜通过计算确定,采用本指南附录 A 的常规锚拉板,可取 0.85。

4 施工与养护

4.1 加工

4.1.1 钢板件加工应符合下列规定：

1 钢板件下料前应进行辊平、抛丸除锈、除尘及涂覆车间锈底漆等处理，车间底漆干膜厚度不宜小于 20μm。

2 钢板件切割宜采用数控切割工艺。

3 钢板件切割面、制孔面应与表面垂直，对接焊缝宜与结构长轴垂直。

4.1.2 组装与焊接应符合下列规定：

1 锚拉板宜先分别进行支承组件、拉板组件和压接组件的加工和焊接，后进行支承组件与拉板组件、拉板组件与压接组件的组装和焊接。

2 钢板件等零部件加工齐全并经检查合格后，方可进行锚拉板构件或单元件的组装和焊接。焊接应采用Ⅰ级焊缝，焊缝应连续。

3 组装和焊接应采用可控制组装精度和焊接变形的专用工作台架和装备。

4 支承管应标识与主拉板、锚垫板定位用的十字对称标记等；支承管底部管口应进行磨光处理，与锚垫板顶紧后进行焊接。

4.1.3 防腐应符合下列规定：

1 锚拉板防腐涂装应满足现行《公路钢结构桥梁设计规范》(JTG D64)的有关规定。

2 防腐应在封闭场所内进行。

3 防腐应按照确定的防腐工艺进行；防腐层的质量应逐层检验。

4 防腐施工质量应满足现行《公路桥梁钢结构防腐涂装技术条件》(JT/T 722)的规定。

4.1.4 锚拉板在组装、焊接、防腐完成后应设置临时保护衬垫，并标注规格、质量、安装位置等。

4.1.5 加工的质量标准应符合表4.1.5的规定。

表 4.1.5 加工质量标准

项次	项 目	规定值或允许偏差
1	钢板件平面几何尺寸(mm)	±1
2	钢板件平面度(mm)	0～2
3	钢板件制孔尺寸(mm)	0～0.2
4	钢板件制孔位置及间距(mm)	±0.5
5	锚垫板面平面度(mm)	0～0.5
6	支承管轴线长(mm)	±1
7	支承管边线偏离设计边线(mm)	±1
8	主拉板在支承管上位置偏差(mm)	±1

表 4.1.5（续）

项次	项　目	规定值或允许偏差
9	主拉板与支承管表面垂直度(mm)	±1
10	锚垫板与支承管管口垂直度(mm)	±1
11	支承管轴线与主拉板底边夹角(°)	±0.4
12	主拉板与压接板夹角(°)	±0.4
13	锚拉板几何尺寸(mm)	±5

4.2 安装

4.2.1 安装应符合下列规定：

1 安装应以主梁顶为基准进行定位，可按先定位主拉板在主梁顶面位置，再定位主拉板横向倾角，后联测支承管轴线的顺序进行。锚拉板安装定位示意图见图4.2.1。

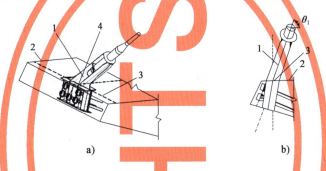

图 4.2.1 锚拉板安装定位示意图

1-主拉板；2-主梁顶；3-主拉板主梁顶面定位线；4-定位点；θ_1-主拉板横向倾斜定位角

2 定位前应在主梁顶及锚拉板上预设对应安装定位标记。

3 定位时应采用临时设施及设备进行位置的调整与固定。

4 定位后应注意锚拉板开孔处的主梁钢筋设置连续。应及时浇筑主梁、张拉预应力、灌浆、封锚。

4.2.2 安装的质量标准应符合表4.2.2的规定。

表 4.2.2 安装质量标准

项次	项　目	规定值或允许偏差
1	支承管底部出口坐标(mm)	±8
2	支承管轴线倾角(°)	≤0.5
3	锚拉板外观	无变形、损伤、锈蚀、污染
4	混凝土外观	无间隙、裂缝、崩起、剥落

4.3 养护

4.3.1 锚拉板的养护应按照现行《公路桥涵养护规范》(JTG H11)的有关规定执行。

4.3.2 养护检查重点内容应包括连接区混凝土有无裂缝、崩起、剥落等,焊缝有无裂纹、腐蚀等,涂层有无老化、开裂、起皮、脱落。

附录 A 钢绞线拉索锚拉板主要技术参数

A.0.1 钢绞线拉索锚拉板主要技术参数见表 A.0.1,参数符号见图 A.0.1。

表 A.0.1 常用钢绞线拉索锚拉板主要技术参数

拉索型号与规格 (D_n-n)	支承管 (mm) $D_1 \cdot t_1 \cdot L_1$	加劲环 (mm) t_2	锚垫板 (mm) t_3	主拉板 (mm) $B_4 \cdot t_4$	侧拉板 (mm) $B_5 \cdot t_5$	压接板 (mm) $L_6 \cdot B_6 \cdot t_6$	上翼板 (mm) $B_7 \cdot t_7$	下翼板 (mm) $B_8 \cdot t_8$	加劲肋 (mm) $B_9 \cdot t_9$
15.2-22	327×22×850	60	50	205×22	150×18	3 000×1 000×32	600×20	600×20	250×16
15.2-27	361×26×850	60	60	205×26	150×22	3 000×1 000×32	600×20	600×20	250×16
15.2-31	361×26×950	60	60	205×26	200×22	3 000×1 000×32	600×20	600×20	250×16
15.2-37	400×30×950	60	75	205×30	200×26	3 000×1 000×32	600×20	600×20	250×16
15.2-43	448×30×1200	60	75	205×30	250×26	3 000×1 000×32	600×20	600×20	250×16
15.2-55	467×34×1200	60	80	205×34	250×30	3 000×1 000×32	600×20	600×20	250×16

注:1. 本表技术参数适用于公称直径 D_n 为 15.2mm、抗拉强度标准值 f_{pk} 为 1 860MPa 的钢绞线拉索。
   2. 当拉索规格与本表不相同时,应选择邻近的较大规格。
   3. 当拉索规格超过本表范围时,应进行尺寸的重新设计。
   4. n-拉索钢绞线根数;$t_1 \sim t_9$-对应构件的厚度;其他符号示意见图 A.0.1。

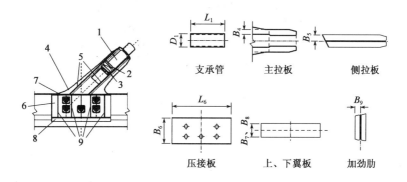

图 A.0.1 技术参数符号示意图

1-支承管;2-加劲环;3-锚垫板;4-主拉板;5-侧拉板;6-压接板;7-上翼板;8-下翼板;9-加劲板

附录 B 锚拉板定位参数计算

B.1 坐标系

B.1.1 坐标系可按以下规定建立：

1 坐标系原点设在索塔中轴线±0m处；X轴为顺桥向，正方向沿桥轴线指向锚拉板侧；Y轴为横桥向，正方向垂直桥轴线指向锚拉板侧；Z轴为竖向，正方向向上。

2 拉索上端点为塔上拉索锚点b。

3 拉索下端点为梁上拉索锚点g。拉索下端点切线为锚拉板轴线。

4 梁上横隔板中面垂直于梁顶面。锚拉板主拉板平面平行该处桥面纵轴线。

设计坐标系示意图如图 B.1.1 所示。

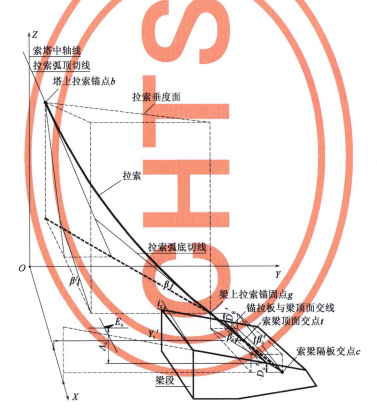

图 B.1.1 设计坐标系示意图

B.2 计算

B.2.1 锚拉板初始定位

1 在 $X\text{-}O\text{-}Y(Z)$ 坐标系中，初设c点为悬链线下端点。以计算和借用方式补全c点待定坐标值部分。由此建立初始定位模型，计算拉索定位参数，作为后续精确修正的基础。

c点坐标可按照式(B.2.1)计算。拉索梁上设计参数示意图(一)见图 B.2.1。

$$\begin{cases} X_c' = X_e + (\Delta_c + D_c) \cdot \sin i_c \\ Y_c' = Y_t' \\ Z_c' = E_c - (\Delta_c + D_c) \cdot \cos i_c \end{cases} \quad (B.2.1)$$

式中：X_c'、Y_c'、Z_c'——c 点假设为悬链线下端点时的坐标；

Y_t'——拉索与梁顶交点理论横坐标，根据总体设计确定；

i_c——梁段顶面正倾角；

D_c——锚拉板梁顶交线到 c 点的距离差，D_c 初值取 D_c'；

E_c——桥面设计高程，由既定的桥面竖曲线，对应 X_e 自动计算；

Δ_c——桥面设计高程点与锚拉板梁顶交线之间的距离差。

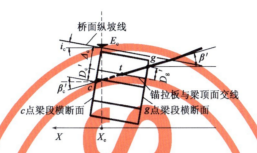

图 B.2.1 拉索梁上设计参数示意图（一）

2 在拉索垂度面内，根据拉索张力 σ、材料相对密度 γ、竖向投影高度 f、水平投影长度 L，可构建拉索悬链线方程，计算出参数 β，并由 θ_s 进一步计算出参数 β'。

B.2.2 锚拉板梁上调整定位

1 移悬链线下端点至其真正位置 g 点，拉索梁上设计参数示意图（二）见图 B.2.2。

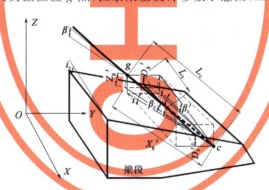

图 B.2.2 拉索梁上设计参数示意图（二）

2 在拉索垂度面内，根据悬链线方程计算 g 点至 c 点水平、竖向距离 X_g'、Z_g'，根据式(B.2.2-1)计算出换算拉索垂度面内梁段顶面倾角 i。

$$X_g' \cdot \sin i + Z_g' \cdot \cos i = D_g' + D_c \quad (B.2.2-1)$$

式中：X_g'、Z_g'——g 点至 c 点垂度面内水平与竖向距离；

D_g'——g 点与 t 点之间高程差；

i——拉索垂度面内梁顶面换算倾角。

3 根据式(B.2.2-2)计算 g 点坐标。

$$\begin{cases} X_g = X_c' - X_g' \cdot \sin\theta_s \\ Y_g = Y_c' - X_g' \cdot \cos\theta_s \\ Z_g = Z_c' + Z_g' \end{cases} \quad (B.2.2-2)$$

式中：X_g、Y_g、Z_g——调整计算后 g 点坐标。
　　　θ_s——拉索水平投影与 X 轴夹角。

4　由式(B.2.2-3)～式(B.2.2-5)计算 t 点坐标。

$$\begin{cases} X_t = X_g + L_t \cdot \cos\beta' \\ Y_t = Y_g + \dfrac{L_t \cdot \cos\beta'}{\tan\theta_s} \\ Z_t = Z_g - L_t \cdot \sin\beta' \end{cases} \tag{B.2.2-3}$$

$$L_t = \dfrac{D_g'}{\sin\beta_c'} \tag{B.2.2-4}$$

$$\beta_c' = \beta' + i_c \tag{B.2.2-5}$$

式中：X_t、Y_t、Z_t——调整计算后 t 点坐标；
　　　β_c'——c 点拉索在主梁纵立面的水平角；
　　　β'——c 点拉索与对应主梁纵立面投影夹角。

5　由 g 点切线延伸按照式(B.2.2-6)～式(B.2.2-8)更新 c 点坐标。

$$\begin{cases} X_c = X_g + L_c \cdot \cos\beta \cdot \sin\theta_s \\ Y_c = Y_g + L_c \cdot \cos\beta \cdot \cos\theta_s \\ Z_c = Z_g - L_c \cdot \sin\beta \end{cases} \tag{B.2.2-6}$$

$$L_c = \dfrac{X_g' \cdot \cos i - Z_g' \cdot \sin i}{\cos\beta_c} \tag{B.2.2-7}$$

$$\beta_c = \beta + i \tag{B.2.2-8}$$

式中：X_c、Y_c、Z_c——调整计算后 c 点坐标；
　　　L_c——c 点至 g 点空间长度；
　　　β_c——拉索垂度面内拉索的水平角；
　　　β——拉索垂度面内拉索与梁顶面夹角。

B.2.3　锚拉板梁上修正定位

1　Y_t 与 Y_t' 之间的偏差通过修正 Y_c' 消除；

2　Z_c 与 Z_c' 之间的偏差通过修正 D_c 消除。

用 词 说 明

1 本指南执行严格程度的用词,采用下列写法:

1) 表示严格,在正常情况下均应这样做的用词,正面词采用"应",反面词采用"不应"或"不得"。

2) 表示允许稍有选择,在条件许可时首先应这样做的用词,正面词采用"宜",反面词采用"不宜"。

3) 表示有选择,在一定条件下可以这样做的用词,采用"可"。

2 引用标准的用语采用下列写法:

1) 在标准条文及其他规定中,当引用的标准为国家标准或行业标准时,应表述为"应符合《××××××》(×××)的有关规定"。

2) 当引用标准中的其他规定时,应表述为"应符合本指南第×章的有关规定""应符合本指南第×.×节的有关规定""应按本指南第×.×.×条的有关规定执行"。